# RÉPONSE



# GÉNÉRAL METMAN

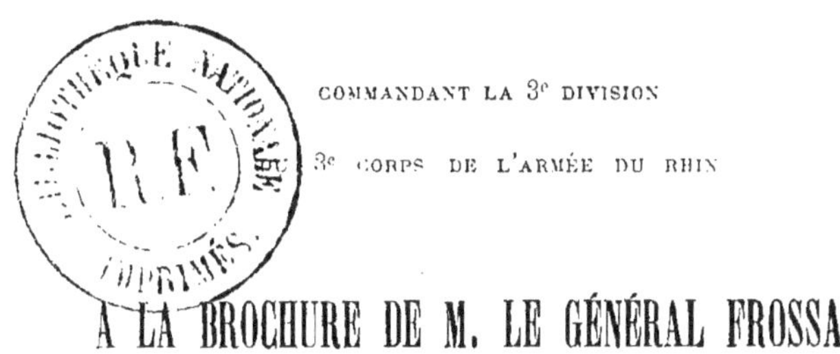

COMMANDANT LA 3ᵉ DIVISION

3ᵉ CORPS DE L'ARMÉE DU RHIN

## A LA BROCHURE DE M. LE GÉNÉRAL FROSSARD

## BATAILLE DE FORBACH- SPIKEREN

PARIS

IMPRIMERIE ADMINISTRATIVE DE PAUL DUPONT

Rue Jean-Jacques-Rousseau, 41

1871

# RÉPONSE

DU

# GÉNÉRAL METMAN

A LA

## BROCHURE DE M. LE GÉNÉRAL FROSSARD

Dans son récit de la bataille de Forbach, le général Frossard, commandant en chef le 2e corps de l'armée du Rhin, impute l'insuccès de cette journée aux divisions du 3e corps, dont il n'aurait pas reçu le concours qu'il était en droit d'en attendre.

Commandant la 3e division d'infanterie du 3e corps, le général Metman doit à sa division, se doit à lui-même de répondre à des assertions qui portent une atteinte sérieuse à sa considération militaire

Le simple exposé de sa conduite dans la journée du 6 août, conduite conforme aux ordres de son chef direct le maréchal Bazaine, nommé par décret du 5 août commandant en chef des corps Frossard et Ladmirault, suffit

amplement à sa justification ; aussi, dans le but d'obtenir
une rectification aux faits publiés par le rapport du commandant en chef du 2ᵉ corps, le général Metman a-t-il
adressé au général Frossard la lettre suivante :


« Paris, École militaire, le 13 décembre 1871..


    « Monsieur le général,


    « Dès l'apparition de votre rapport sur les opérations du 2ᵉ corps
« de l'armée du Rhin, j'ai adressé au Ministre de la guerre une
« demande d'enquête officielle, sur le rôle attribué par ce rapport
« à la 3ᵉ division du 3ᵉ corps pendant la journée du 6 août 1870.

    « L'appréciation de ma conduite contenant l'accusation grave
« d'hésitation, ou de lenteur inexplicable à marcher à l'ennemi,
« porte atteinte à ma considération et à mon honneur comme chef
« de cette 3ᵉ division.

    « Vous avez été informé, Monsieur le général, de ma réclama-
« tion au Ministre de la guerre : sa note récente au *Moniteur* reti-
« rant à votre rapport son caractère officiel, m'ôte à moi tout droit
« à une enquête, mais me laisse l'entière liberté de mon action.

    « La publicité de l'accusation imméritée contenue dans votre
« rapport, Monsieur le général, m'autorise à poursuivre la répara-
« tion due à tout outrage public.

    « La voie des journaux, l'autorité même du jugement d'un tri-
« bunal civil ne sauraient convenir à la dignité d'une épaulette,
« pour laquelle notre respect est commun.

    « Je viens en conséquence, Monsieur le général, faire appel à
« votre loyauté..., à la voix de votre conscience qui vous dictera
« ou vous indiquera, j'en ai l'espoir, ou les termes... ou les

« moyens d'une réparation telle que vous sauriez l'exiger ou l'ob-
« tenir pour vous-même pour le soin de votre propre honneur.

« Ci-joint ma réponse aux incriminations contenues dans le rap-
« port page 57.

« En attendant avec une légitime impatience votre réponse,
« Monsieur le général, je vous prie d'agréer l'expression de mes
« sentiments les plus distingués.

« *Le Général,*

« L. METMAN. »


Le rapport du général Frossard, dit, page 57 :


« *3° Quant à la division Metman, d'après les or-*
« *dres du maréchal Bazaine, elle quitte Marienthal*
« *de 10 heures à midi pour se porter vers Bening*
« *(7 à 8 k.); elle était rendue à 3 heures avec*
« *son artillerie..... à 6 kilomètres au plus de*
« *Forbach: elle s'y arrête et attend............*
« *A 4 h. 1[2, le commandant de cette division*
« *reçoit du général Frossard le télégramme suivant:*
« *Si le général Metman est encore à Bening qu'il*
« *parte de suite pour Forbach. » Le général Metman*
« *se remet en marche à 6 heures et arrive à 9*
« *heures près de Forbach.... Cet officier général*
« *ne s'était pas mis en relation avec le général*
« *Frossard, et ne lui avait aucunement manifesté sa*
« *présence à quelque distance de lui.... Le journal*
« *de marche mentionne la dépêche ci-dessus reçue*
« *à 4 h. 1[2. »*

### RÉPONSE DU GÉNÉRAL METMAN AUX FAITS AVANCÉS
### PAR LE GÉNÉRAL FROSSARD.

La division Metman (conformément à la dépêche du maréchal Bazaine (Saint-Avold, 6 août, 11 h. 15), citée par le général Frossard, page 39, avait détaché sur Macheren sa 2e brigade qui restait jusque vers 9 heures du soir aux ordres du Maréchal commandant le 3e corps sur cette position jugée importante à occuper.

A midi, en exécution des ordres du quartier général, le général Metman opérait avec sa 1re brigade une reconnaissance des hauteurs qui commandent la route de Marienthal à Bening (les Saint-Avold), et, en temps voulu pour l'exécution de cette prescription, arrivait à Bening, où il devait attendre de nouveaux ordres.

En effet, vers 4 heures, il recevait pour instructions de prendre position sur les points défensifs qui entourent l'emplacement de cette gare de Bening (position très-importante à tenir) et d'y bivouaquer la nuit suivante.

A 7 h. 1/2, le général Metman venant d'inspecter les avant-postes et les emplacements de ses bivouacs, était appelé à la gare où venait d'arriver le télégramme qui l'appelait à Forbach.

Il répondait par la teneur de l'ordre du maréchal, et recevait un deuxième télégramme, l'invitant à se porter sur Forbach.

Convaincu que le général Frossard agissait de concert avec le maréchal Bazaine, le général Metman rassemblait en toute hâte sa 1re brigade, envoyait à sa 2e brigade l'ordre de le rallier et arrivait sans perdre une minute vers 9 heures, par une nuit obscure, non pas près de Forbach, mais sur la place même située à l'entrée de cette ville.

Là il envoyait vainement chercher des ordres ou des renseignements. Le maire de Forbach lui faisait enfin savoir que le général Frossard n'avait pas paru à son quartier général depuis 5 heures, et quelque temps après, lui faisait donner par le colonel d'Orléans, son chef d'état-major, l'avis du mouvement de retraite du 2e corps sur Sarreguemines.

Attendant toujours sa 2e brigade, et se refusant à croire jusqu'à minuit qu'il ait été appelé sans motifs sérieux, le général Metman bivouaquait au-dessous et en face du plateau d'Œtingen, et au lever du jour se dirigeait sur Puttelange.

Le général Metman n'a pas eu connaissance de la dépêche de 4 h. 1/2

Il doit y avoir une erreur sur le livre de marche.

Il n'avait pas à se mettre en rapport avec le général Frossard, puisqu'il avait l'ordre du maréchal Bazaine de bivouaquer à Bening, et que la correspondance entre Forbach et Saint-Avold ne demandait pas, par le télégraphe, plus de quelques minutes.

A la lettre et à la note ci-dessus, le général Frossard a répondu :

« Paris, 15 décembre 1871.

« GÉNÉRAL,

« J'ai reçu la lettre que vous m'avez fait l'honneur de m'écrire « le 13, en m'adressant votre réponse au passage qui concerne « votre division dans mon rapport sur les opérations du 2e corps.

« Puisque vous faites appel à ma loyauté, *je tiens à déclarer* « *qu'il n'a pu entrer dans ma pensée de porter atteinte à votre* « *considération militaire; et j'ai la conscience que mon écrit ne* « *contient aucune accusation contre vous.*

« C'était moi qui avais à me défendre.

« On a dit, en effet, vous ne l'ignorez pas, on a répété, imprimé « que le secours du 3e corps m'avait été offert le 6 août, et que je « l'avais refusé, préférant agir seul. D'autres, au contraire, ont « prétendu que j'avais eu l'aide de deux divisions, allégation aussi « erronée que la première. Dans votre division en particulier, beau- « coup d'officiers ont cru, ou croyaient encore tout récemment que « j'avais répondu par un refus à votre offre de concours. Si les « généraux du 3e corps avaient de leur propre mouvement rectifié « ces erreurs, comme ils le devaient peut-être, je n'aurais pas eu « besoin de le faire moi-même.

« Quand j'ai dû exposer que j'avais été privé d'appui, malgré « mes démarches instantes, j'ai employé, je crois, une grande mo- « dération de langage. Si j'avais cédé aux impressions des géné- « raux qui étaient sous mes ordres, ou écouté les dires d'un assez « grand nombre d'officiers qui m'ont écrit, j'aurais mis de l'amer- « tume et de la vivacité dans mes plaintes; car jamais une troupe « combattant tout le jour ne fut abandonnée comme l'a été ce

« pauvre 2ᵉ corps, bien qu'il eût un autre corps d'armée en arrière
« de lui. Mais mon but étant uniquement de faire connaître la
« vérité, et non d'accuser autrui, j'ai voulu m'en tenir à constater
« les faits, sans les commenter, ni les juger; c'est pourquoi je me
« suis borné à copier, à peu près textuellement, les journaux de
« marche des divisions que je dois croire exacts jusqu'à preuve du
« contraire.

« *Je n'ai discuté ni incriminé la conduite de personne*, en faisant
« le récit simple des événements ; et par conséquent, Général, *je*
« *n'ai point offensé votre honneur*, ni celui des autres généraux
« dont il est question aussi.

« Si, comme a fait le général Montaudon, vous croyez devoir pu-
« blier la réponse que vous m'avez communiquée, je n'ai pas l'in-
« tention d'y contredire, M. le ministre de la guerre désirant qu'on
« ne continue pas de polémique à ce sujet.

« Agréez, général, l'expression de mes sentiments les plus
« distingués,

« Général Cʜ. Fʀossard. »

Le général Frossard, en n'élevant dans cette réponse
aucune objection à l'exposé des faits contenus dans la
lettre du général Metman, reconnaît implicitement qu'il
avait été mal renseigné sur les opérations de la 3ᵉ division dans la journée du 6 août :

1° Que cette division, dès 10 heures du matin, était
scindée en deux parties opérant chacune sur des posi-
tions désignées par le maréchal Bazaine ;

2° Qu'il n'existait à Bening (les Saint-Avold) de 3
heures à 7 h. 1/2 du soir, que la 1ʳᵉ brigade de Potier,
dirigée par le général de division et destinée, dans les

vues du maréchal, à bivouaquer aux abords de cette gare ;

3° Enfin que la dépêche télégraphique indiquée comme ayant dû parvenir au général Metman à 4 h. 1/2, ne lui est point arrivée.

Dans ces conditions, le général Metman se croit en droit de reconnaître que le général Frossard regrette des allégations qui, si elles avaient été maintenues dans leurs termes primitifs, constitueraient un outrage à l'égard d'un général qui, ayant reçu l'ordre de marcher au canon, s'y serait porté avec une hésitation et une lenteur inexplicables. Le commandant de la 3ᵉ division du 3ᵉ corps de l'armée du Rhin ne doute pas que le général Frossard, dans la deuxième partie de son rapport et dans la prochaine édition de son travail historique, ne tienne compte de ses assertions.

Paris, École militaire, le 19 décembre 1871.

*Le Général*, L. METMAN,

Commandant la 1ʳᵉ division du 3ᵉ corps de l'armée de Versailles.

Paris. — Imp. P. Dupont, rue J.-J.-Rousseau, 41. 4310.12.1